POR QUÉ

POR EL BIEN COMÚN

PRESTAR ATENCIÓN EN CLASE

MELISSA RAÉ SHOFNER

TRADUCIDO POR ESTHER SARFATTI

PowerKiDS press
New York

Published in 2019 by The Rosen Publishing Group, Inc.
29 East 21st Street, New York, NY 10010

First Edition

Translator: Esther Sarfatti
Editorial Director, Spanish: Nathalie Beullens-Maoui
Editor, Spanish: Natzi Vilchis
Editor, English: Jennifer Lombardo
Book Design: Tanya Dellaccio

Photo Credits: Cover Tom Wang/Shutterstock.com; p. 5 Monkey Business Images/Shutterstock.com; pp. 7, 22 SunKids/Shutterstock.com; p. 9 Asia Images Group/Shutterstock.com; p. 11 goodluz/Shutterstock.com; p. 13 India Picture/Shutterstock.com; p. 15 OJO Images/Getty Images; p. 17 iofoto/Shutterstock.com; p. 19 Brian Summers/First Light/Getty Images; p. 21 wavebreakmedia/Shutterstock.com.

Cataloging-in-Publication Data

Names: Shofner, Melissa Raé.
Title: Por qué prestar atención en clase / Melissa Raé Shofner.
Description: New York : PowerKids Press, 2019. | Series: Por el bien común | Includes index.
Identifiers: LCCN ISBN 9781538335383 (pbk.) | ISBN 9781538335376 (library bound) | ISBN 9781538335390 (6 pack)
Subjects: LCSH: Attention–Study and teaching–Juvenile literature. | Listening–Study and teaching–Juvenile literature. | Study skills–Juvenile literature.
Classification: LCC LB1065.S56 2019 | DDC 370.15'23–dc23

Manufactured in the United States of America

CPSIA Compliance Information: Batch #CS18PK: For Further Information contact Rosen Publishing, New York, New York at 1-800-237-9932

CONTENIDO

Por el bien de la comunidad

Se llama *comunidad* a un grupo de personas que viven o trabajan en el mismo lugar. Suele pasar que a los miembros de una comunidad les interesen las mismas cosas. La gente puede pertenecer a varias comunidades al mismo tiempo, como a una familia y a un vecindario. Probablemente pases mucho tiempo en tu escuela. ¡Tu escuela también es una comunidad!

Cuando las personas hacen algo que **beneficia** a toda la comunidad, están trabajando por el bien común. Así demuestran que se preocupan por ellas mismas y por los demás. De esta manera, la gente es más feliz y la comunidad funciona bien. Una de las mejores formas de **contribuir** al bien común en tu escuela es prestar atención en clase.

Listos para aprender

Un salón de clases es una comunidad dentro de otra más grande: la comunidad escolar. Tú y tus compañeros de clase van a la escuela para aprender. Tu maestro o maestra está allí para enseñarte materias importantes, como Historia o Matemáticas. Cuando prestas atención en clase, es más fácil aprender sobre temas importantes.

Prestar atención en clase es bueno para todo el grupo. Demuestra respeto por tus compañeros, quienes tratan de prestar atención y aprender. También demuestra respeto por tu maestro o maestra, quien está compartiendo su conocimiento con ustedes. Cuando prestas atención en clase, das un buen ejemplo a los demás.

No te conviertas en distracción

Hay muchas razones por las cuales los alumnos a veces no prestan atención en clase. Tal vez encuentres la **lección** aburrida o hayas visto algo alrededor que te resulte más interesante. Las cosas que alejan tu atención de lo que estás aprendiendo se llaman *distracciones*. Incluso el cansancio o el hambre pueden ser distracciones.

Puedes ayudar a tus compañeros de clase al no convertirte tú en una distracción. Es difícil que los demás aprendan si tú haces algo que los distrae, como decir las respuestas en voz alta o jugar con cosas que no debes tener en el salón de clases. Cuando distraes a los demás, demuestras que no te importa que tus compañeros estén tratando de aprender. Además, te puedes meter en problemas.

¿Cuánto has aprendido?

Los maestros mandan tareas y dan **exámenes** para ver lo que sus alumnos han aprendido. A veces también hacen preguntas a los alumnos durante la clase para ver si están prestando atención. Es más fácil sacar buenas notas en las tareas y en los exámenes si prestas atención en clase. Tus compañeros también sacarán mejores notas si no hay distracciones.

Los maestros pasan gran parte del día hablando con sus alumnos. Si prestas atención, no será necesario que tu maestro o maestra tenga que **repetir** lo que dijo. También entenderás mejor sus instrucciones y podrás hacer tu trabajo correctamente. Incluso es posible que puedas ayudar a un compañero que tenga alguna duda.

El bien común en el salón de clases

Si prestas atención te darás cuenta de que no entiendes algo. Podrás hacer mejores preguntas, las cuales te ayudarán a ti y a tus compañeros de clase a aprender más. Prestar atención es una de las mejores formas, y también más fáciles, de contribuir al bien común de tu salón de clases.

Si te resulta difícil prestar atención en clase, deberías hablar con tu maestro o maestra. Tal vez sea buena idea que te sientes en un lugar donde no te distraigas tan fácilmente. Asegúrate de tener un buen desayuno y de dormir lo suficiente para poder aprender mejor. Todos tus compañeros de clase ganan cuando tú prestas atención en clase.

GLOSARIO

beneficiar: hacer algo bueno a alguien o a algo.

contribuir: dar algo, como productos, dinero o tiempo, para ayudar a otra persona, grupo o causa.

examen: conjunto de problemas o preguntas que miden los conocimientos o las destrezas de alguien.

lección: actividad en clase durante la cual se aprende algo.

repetir: hacer o decir algo otra vez.

ÍNDICE

SITIOS DE INTERNET

Debido a la naturaleza cambiante de los enlaces de internet, PowerKids Press ha elaborado una lista de sitios web relacionados con el tema de este libro. Este sitio se actualiza de forma regular. Por favor, utiliza este enlace para acceder a la lista: www.powerkidslinks.com/comg/attn